El Arte de la Fotografía de Niños

Héctor M. Meléndez

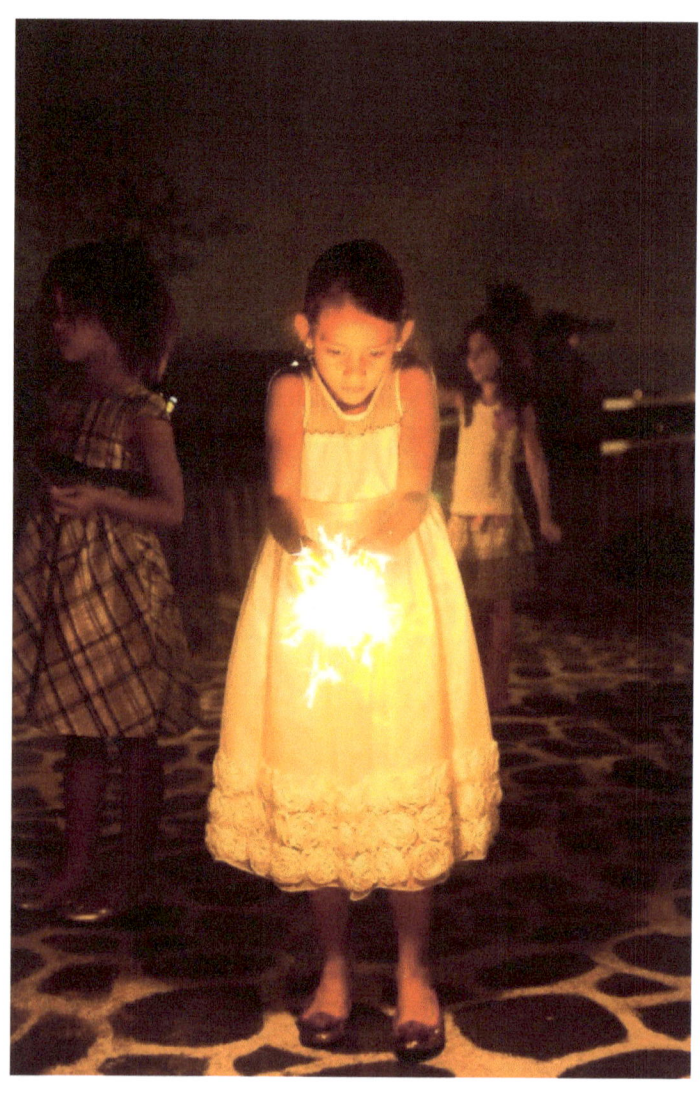

Derechos de autor © 2020 Moicam Photography
Todos los derechos reservados

Contenido

INTRODUCCIÓN 4

NIÑOS PEQUEÑOS.. 6

NIÑOS GRANDES 10

ACCIÓN.. 13

LÍNEAS, TRIÁNGULOS Y REGLA DE LOS TERCIOS 16

EVENTOS 18

NIÑOS TÍMIDOS 21

ADOLESCENTES 23

ILUMINACIÓN 25

CONSEJOS PARA TOMAR EXCELENTES FOTOS 27

EQUIPO 31

PLANIFICACIÓN DE CONTINGENCIAS..................................... 32

EDICIÓN... 34

PRODUCTO FINAL 36

INTRODUCCIÓN

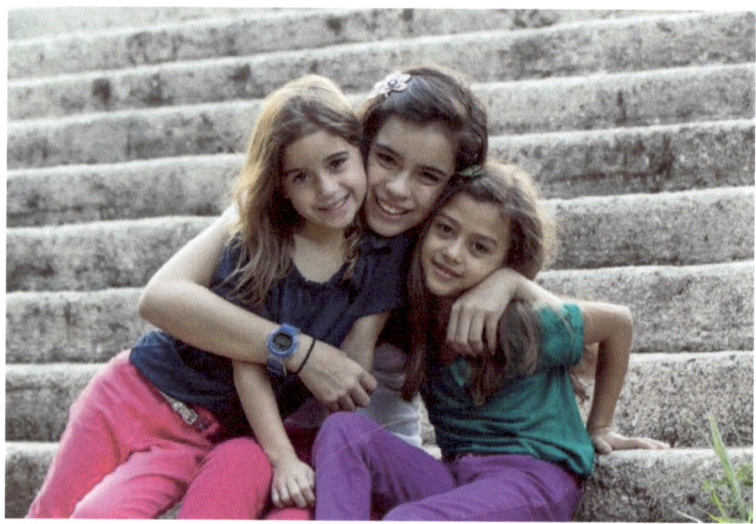

Mi interés por la fotografía comenzó con los paisajes. Ser residente de la isla caribeña de Puerto Rico y tener tantos paisajes hermosos como playas, bosques tropicales, ríos y montañas, me ayudó a desarrollar mi ojo para este arte. No fue hasta el nacimiento de mi primer hijo que entré en el mundo de la fotografía infantil, siendo mis hijos la mejor motivación para leer libros, tomar cursos y practicar. Decidí practicar con hijos de mis amigos y en muy poco tiempo comencé a ser referido para trabajar para otras personas, siendo este mi punto de partida en el negocio de la fotografía.

En este libro comparto mis técnicas para tomar excelentes fotos de niños. Este libro está dirigido a personas con conocimientos básicos de fotografía. Recomiendo a las personas que están comenzando a usar una cámara DSLR que compren un libro de fotografía básico y aprendan primero cómo usar su cámara en modo manual. Espero que disfruten y aprendan leyendo este libro.

NIÑOS PEQUEÑOS

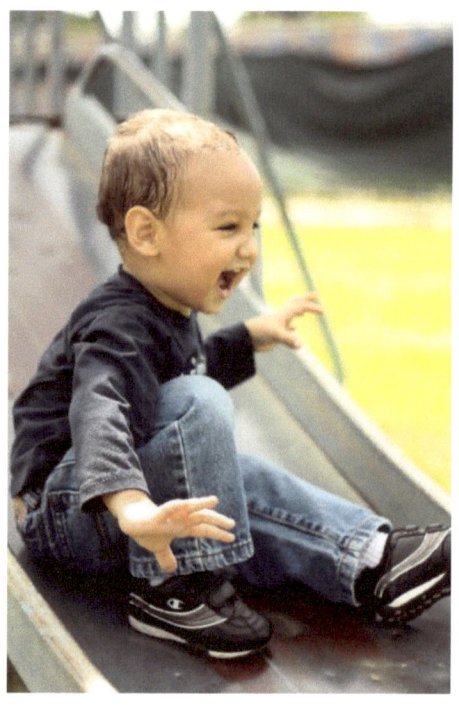

Los bebés crecen rápido y los padres quieren capturar un momento en el tiempo antes de que crezcan. Los niños pequeños están menos conscientes de la cámara, lo que facilita tomar momentos alegres y espontáneos, especialmente cuando están explorando sus alrededores al aire libre.

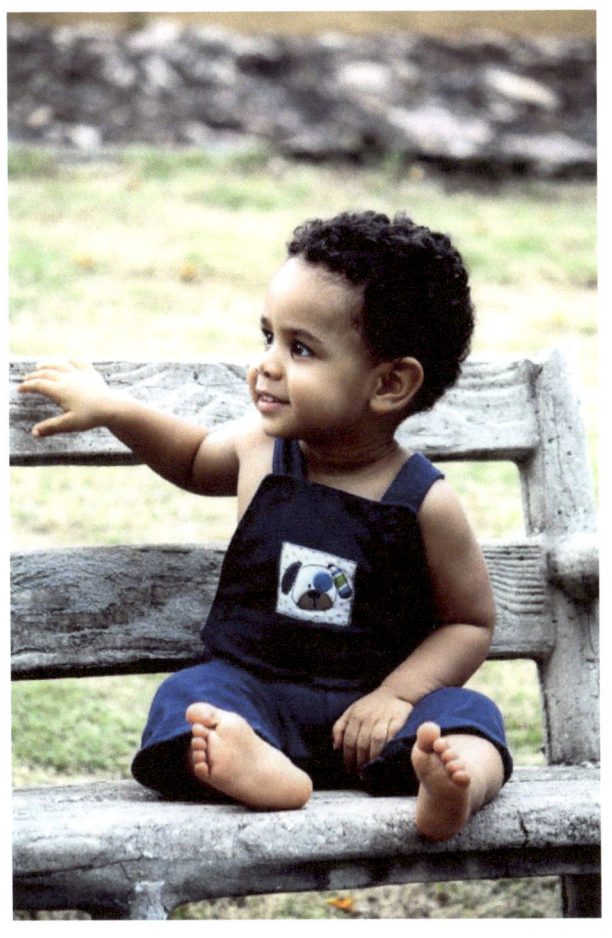

Debemos estar un poco lejos para que no estén conscientes de nuestra presencia y puedan expresarse.

Pies descalzos es una buena idea en algún momento de la sesión. Para estos niños pequeños debemos arrodillarnos para estar a su nivel.

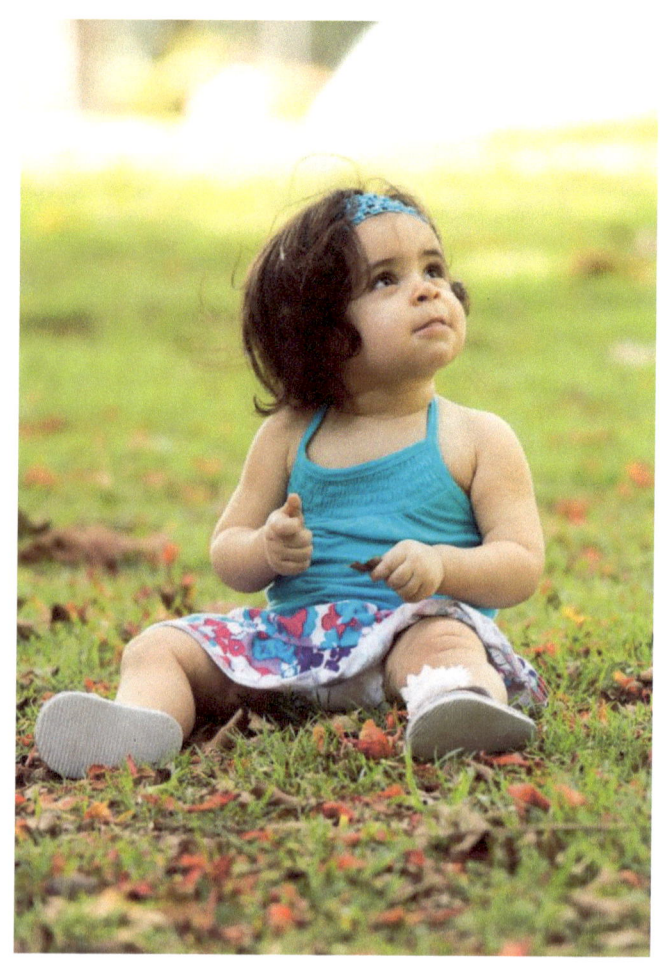

Para tener una sesión exitosa, es importante posicionarlos en lugares interesantes. El ojo siempre en la cámara para no perder el momento.

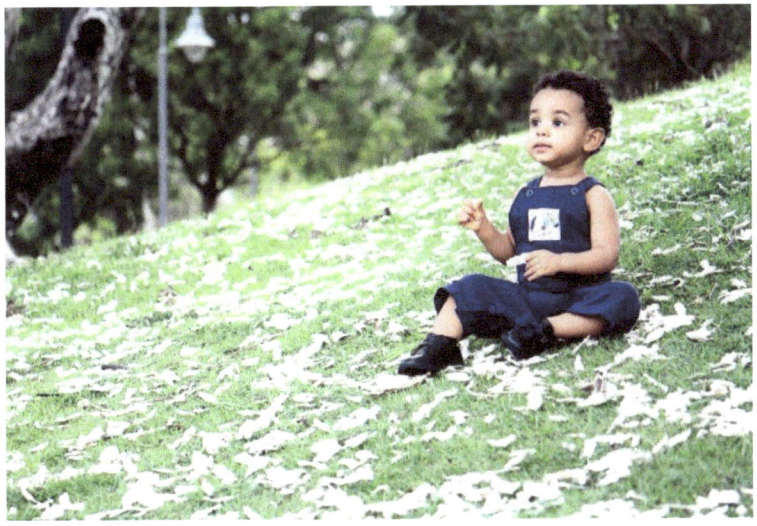

NIÑOS GRANDES

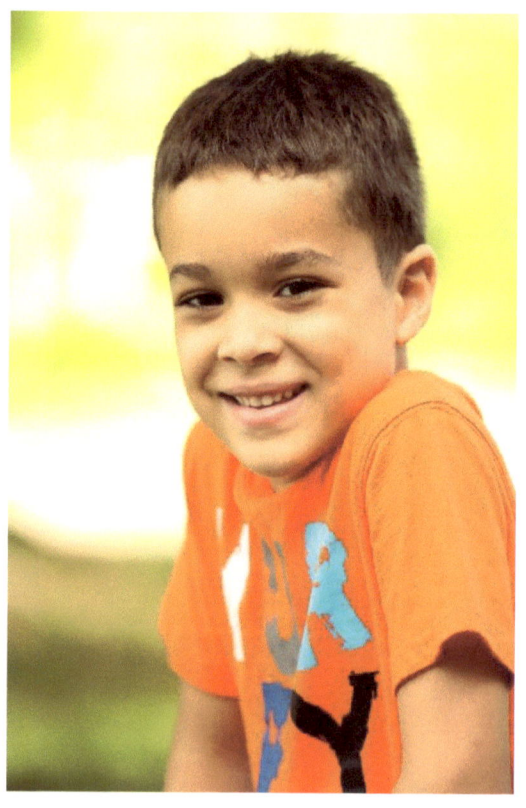

Obtener la confianza de los niños grandes antes y durante la sesión es esencial porque ya saben que un extraño les tomará fotos. Debemos hablar con ellos sobre cosas que les gustan (videojuegos o muñecas favoritas). Al comienzo de la sesión, tomemos algunas fotos para mostrarles a los niños lo bien que se ven en la pantalla de la cámara. Esta técnica funciona muy bien para que pierdan timidez y quieran ser protagonistas de una gran sesión de fotografía, como se puede ver en la página siguiente, donde después de ver varias fotos, el niño comenzó a presumir con su patineta, y más tarde en la sesión logramos una foto como la de esta página, una expresión completamente natural.

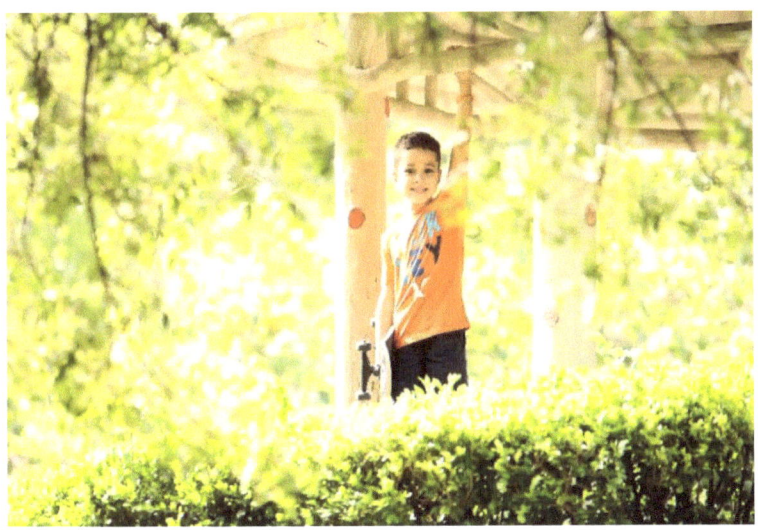

Una vez que ganemos esta confianza, la sesión continuará sin problemas. Continúe trabajando con un súper teleobjetivo para que no haya intimidación cercana.

ACCIÓN

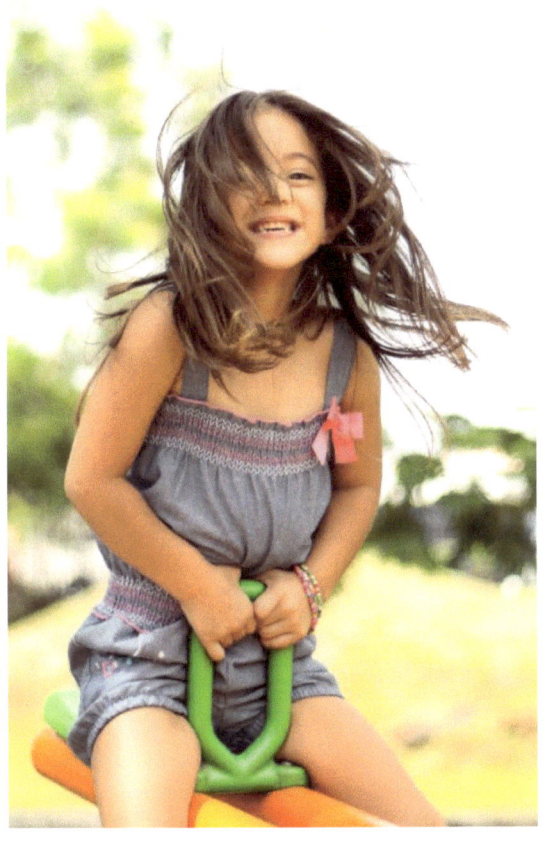

A veces tenemos que tomar momentos rápidos, como en esta foto. La cámara debe estar en modo ráfaga ("burst mode") y a una velocidad rápida (aproximadamente 1/500 en adelante) para congelar el momento y tener la imagen lo más nítida posible. En esta imagen, las fotos fueron tomadas cuando la niña estaba bajando, logrando el efecto sobre su cabello flotando en el aire.

La mejor de varias fotos de ese momento fue seleccionada para entregar a sus padres en el producto final.

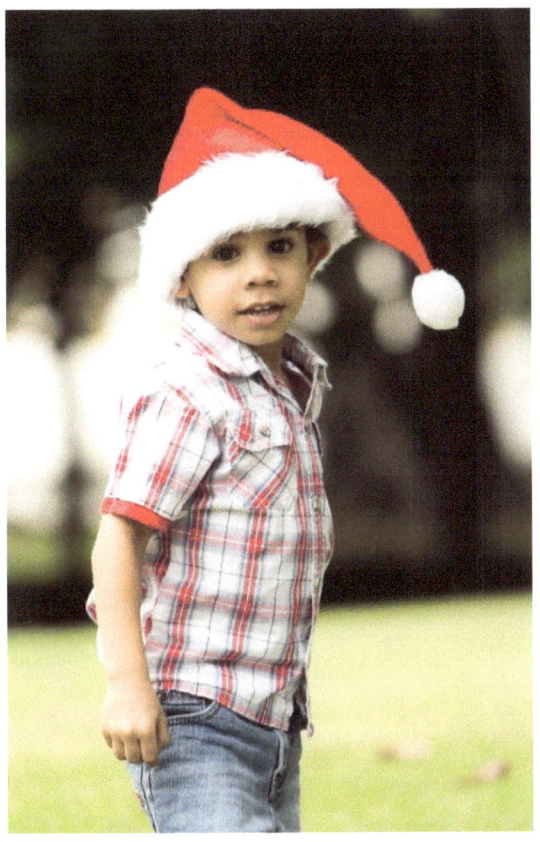

Un movimiento de la cabeza se congeló en esta imagen como se puede ver en el sombrero de Santa.

LÍNEAS, TRIÁNGULOS Y REGLA DE LOS TERCIOS

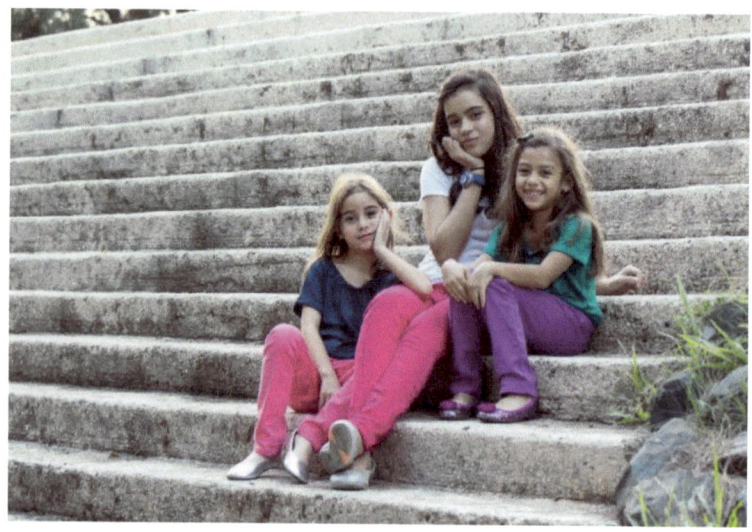

Encontrar líneas diagonales nos ayuda mucho, como es el caso de esta foto, donde las escaleras forman líneas diagonales y prácticamente ninguna es perfectamente horizontal. La foto fue tomada en ángulo con el mismo propósito. Las chicas se colocaron formando un triángulo, y esperé el momento perfecto para tomar la fotografía. El desgaste de las escaleras les da un toque de vejez, lo que ayuda a que la imagen sea más interesante. Dejé algo de espacio a la izquierda para aplicar la regla de los tercios para esta imagen.

EVENTOS

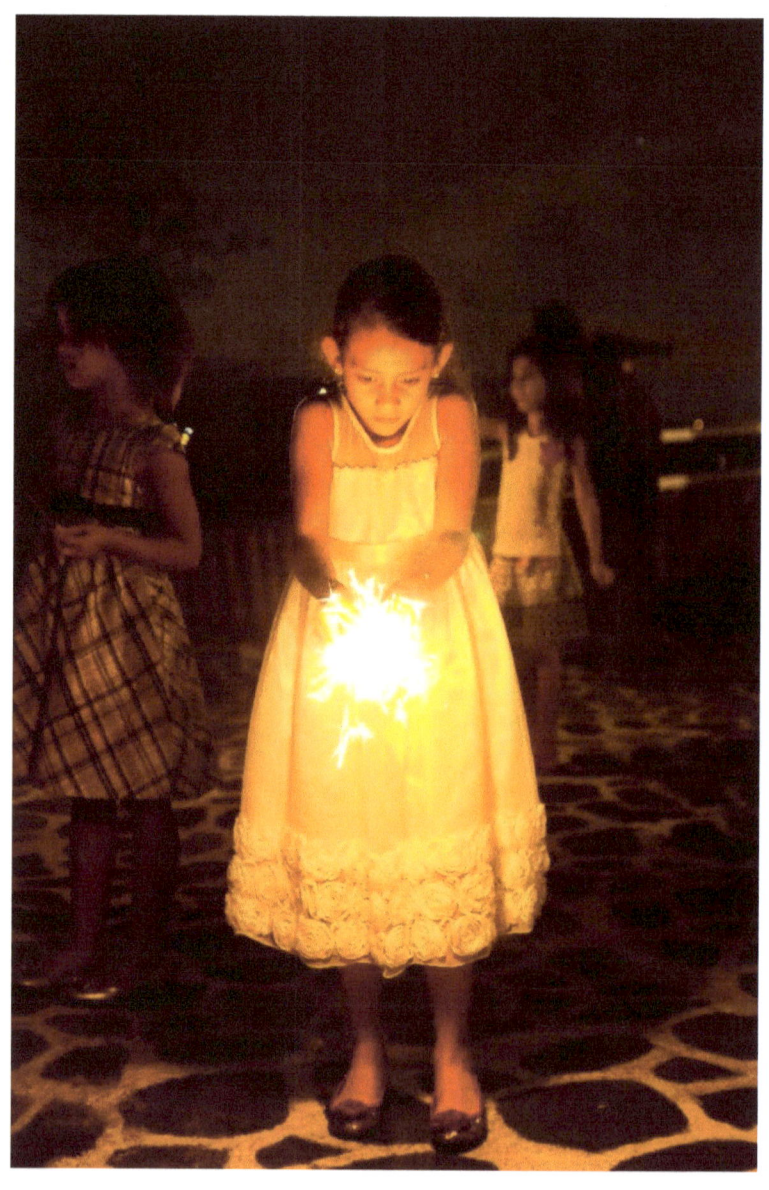

En los eventos de bodas siempre hay niños, y siempre es bueno saber cuándo se vuelven activos. En un momento pasivo dentro de la recepción, los niños se divertían afuera jugando con luces de estrellas. Aproveché la situación sin que ellos se dieran cuenta.

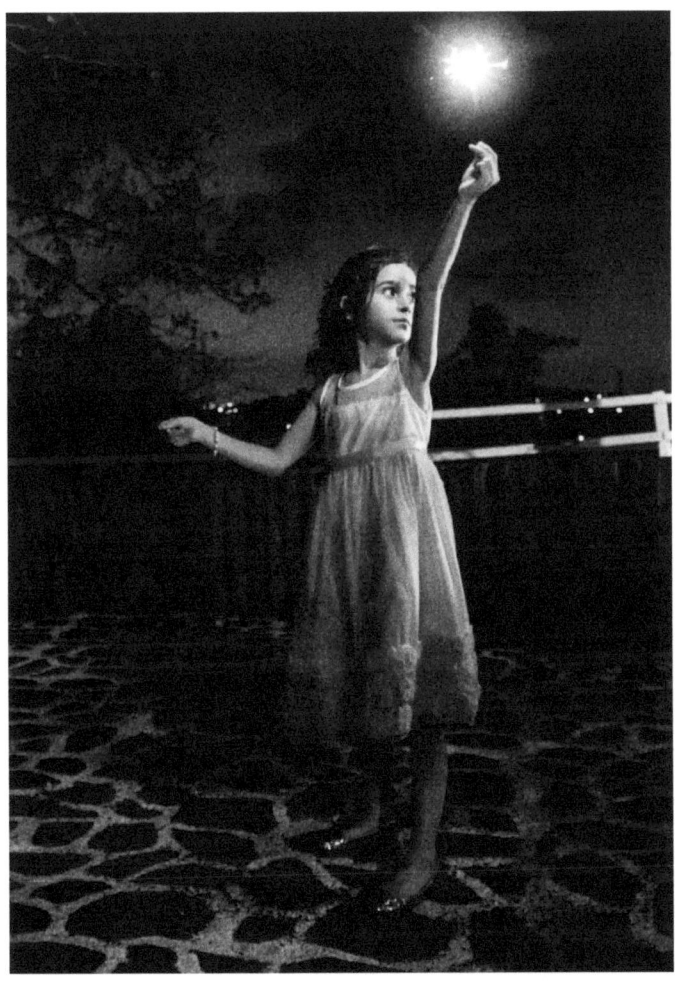

Tomé varias fotos sin flash. Los recién casados siempre estarán agradecidos por la captura de estos momentos.

NIÑOS TÍMIDOS

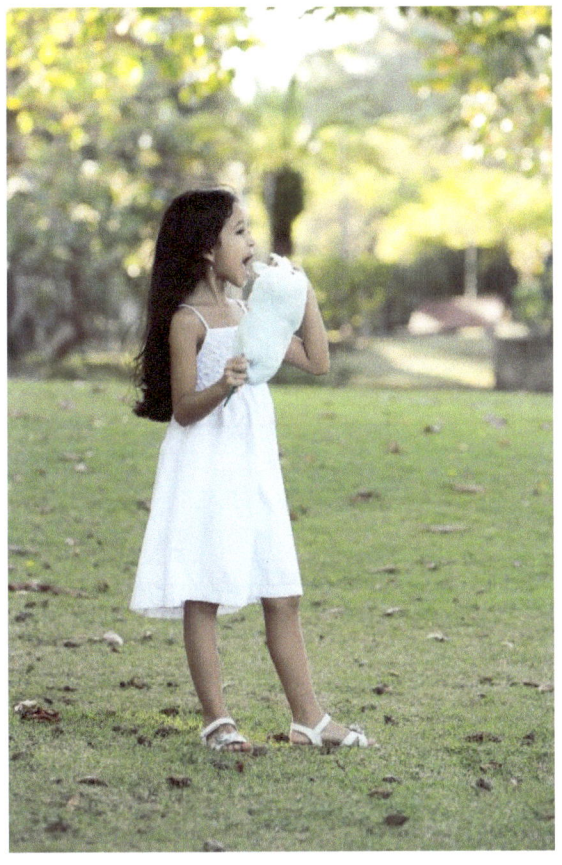

A veces los niños simplemente no quieren cooperar. En estos casos, debemos tener un poco más de paciencia porque tenemos que alargar un poco la sesión y lograr buenas imágenes cuando los niños no están conscientes de la cámara, como la imagen de la izquierda. Los dulces pueden ser útiles en estos casos.

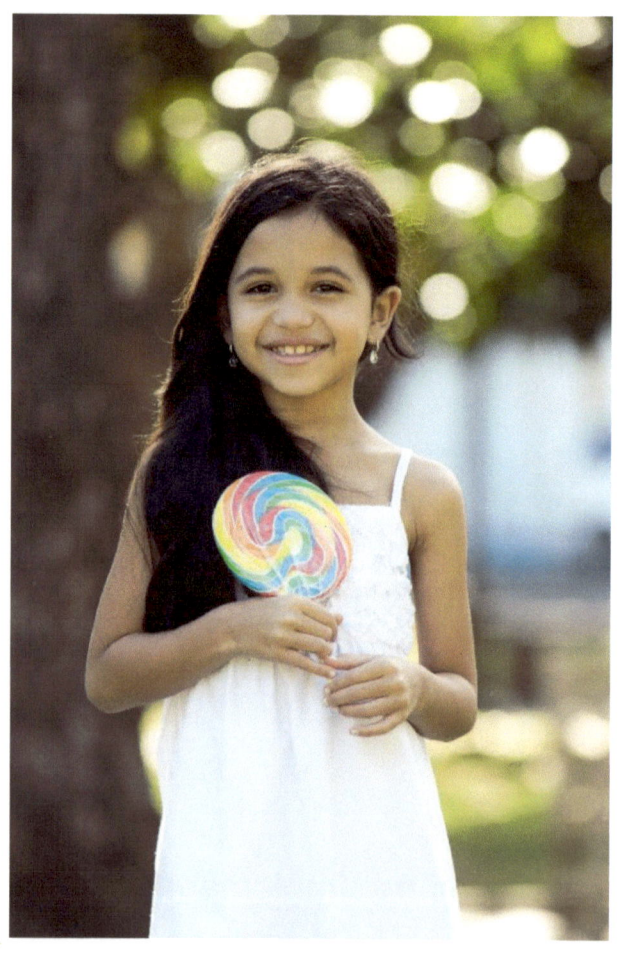

Más adelante en la sesión, esta joven echa un vistazo a la cámara. Esta imagen se logró debido a la larga distancia entre ella y yo.

ADOLESCENTES

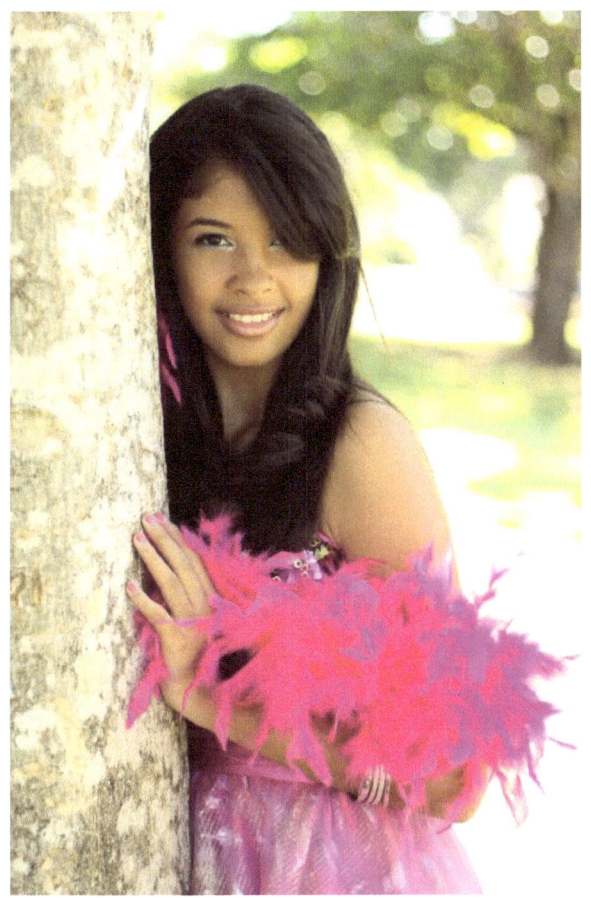

Los adolescentes pueden ser mucho más cooperadores, ya que quieren verse bien. Quieren hacer sus propias poses y solo tenemos que ayudarlos un poco para refinar.

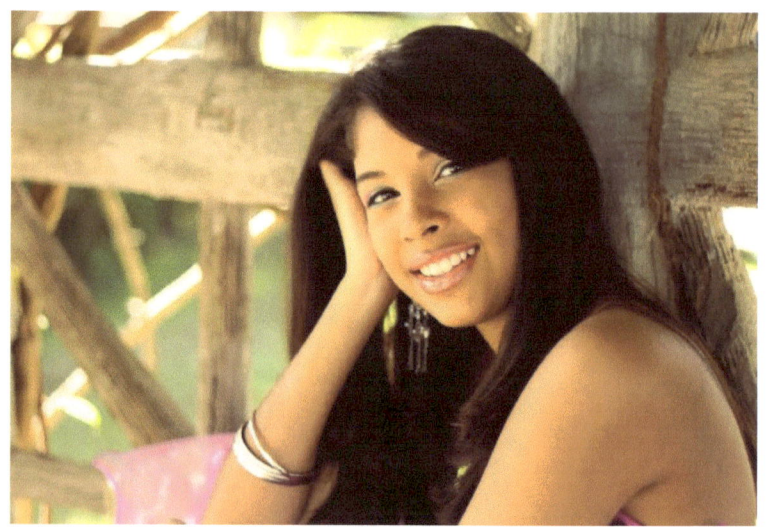

Siempre que los posemos, tratemos de que se vean cómodos. Su cuerpo debe estar relajado y la sonrisa debe verse natural. Decirles algunos chistes buenos debería ayudarnos a lograr nuestra misión para las expresiones faciales naturales.

ILUMINACIÓN

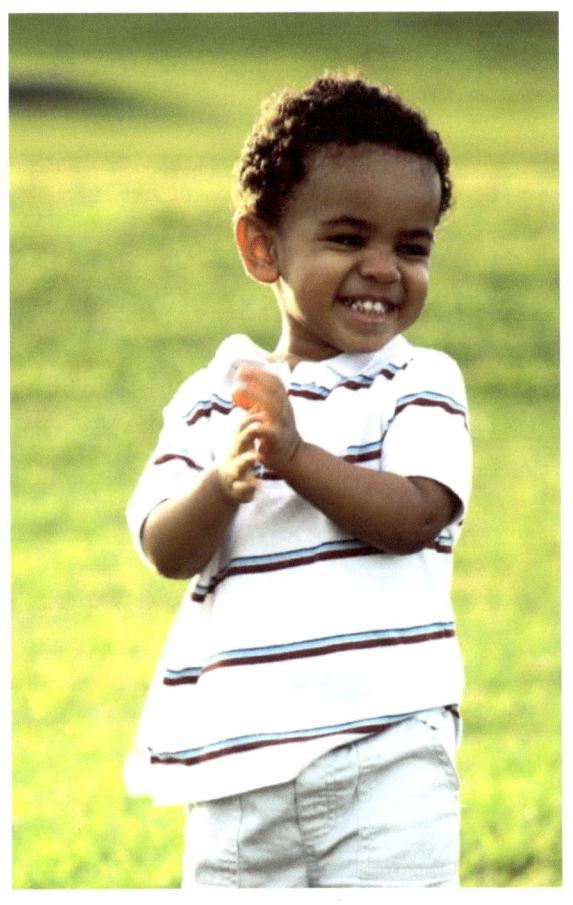

Siempre recordemos hacer nuestras sesiones durante la tarde. Intentemos comenzar tres horas antes de la caída del sol. Cuanto más cae el sol, más cálidos son los colores. De esta manera no tenemos sombras no deseadas y colores planos del sol del mediodía. Es importante utilizar la luz que entra entre los árboles a nuestro favor. De esta manera, cuando desenfocamos el fondo, puede parecer muy interesante.

No tiendo a aconsejar flash para ninguna de las sesiones de niños porque hago uso de buena luz natural y también porque estoy lejos de mis sujetos. Intentemos colocar nuestros sujetos con el sol iluminando su espalda. De esta manera podemos lograr imágenes dramáticas.

CONSEJOS PARA TOMAR EXCELENTES FOTOS

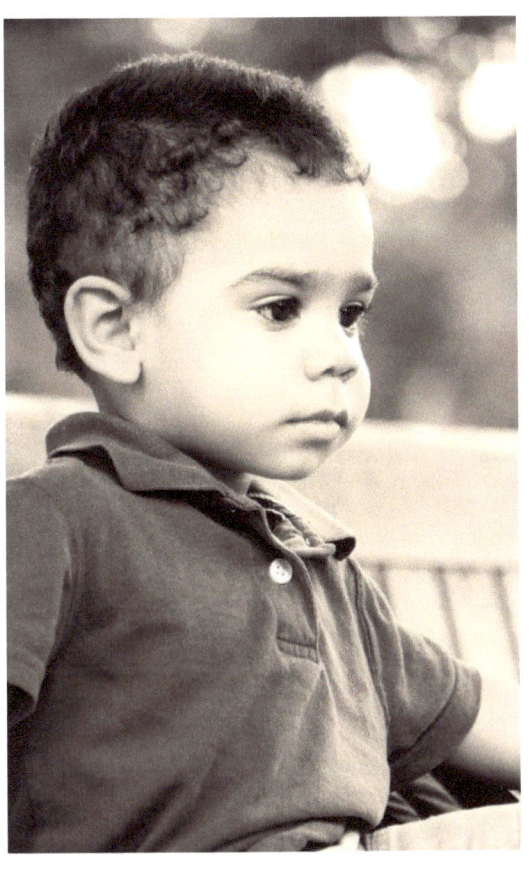

Trabajemos siempre con la cámara en modo ráfaga ("burst mode"). De esta forma intentamos no perder el momento perfecto. Nunca debemos estar preocupados por quedarnos sin memoria. En estos días las tarjetas de memoria son bastante económicas. Compremos tarjetas de memoria con suficiente espacio y siempre tengamos una tarjeta por seguridad.

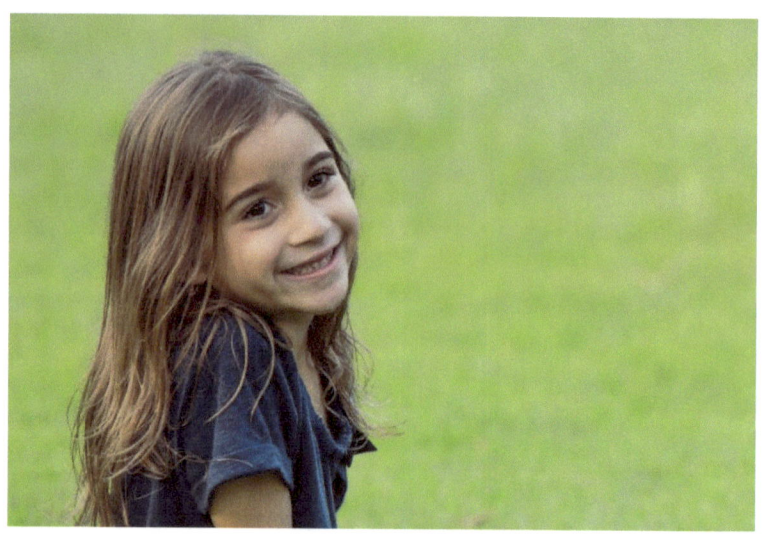

Para mí es importante que nuestras imágenes se vean limpias. Debe haber la menor cantidad de objetos que distraigan la vista del espectador. No debería haber otras personas que no sean nuestros sujetos. Debe parecer que nuestros sujetos están solos en la foto. Por eso, desenfocar el fondo es muy importante. Esto hace que nuestros sujetos sean el personaje principal. Menos, es más. Intentemos tomar casi todas las imágenes con el lente a su máxima distancia focal para desenfocar el fondo.

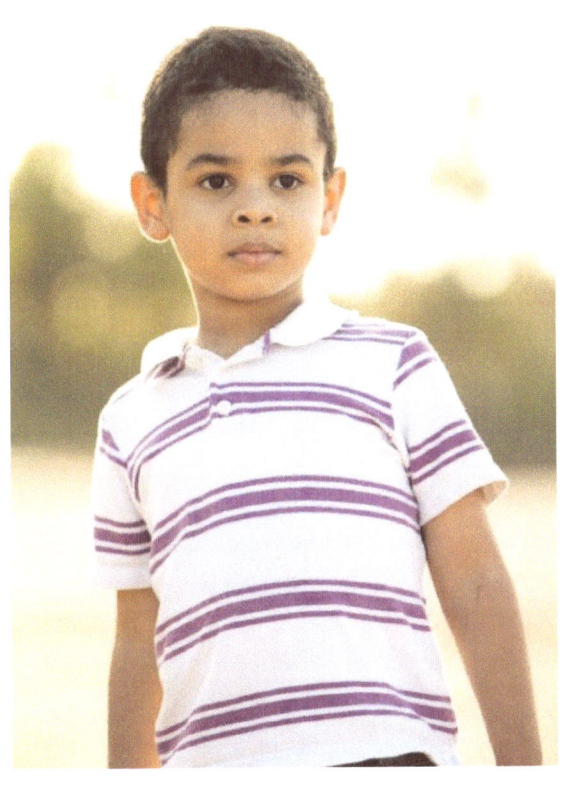

Usemos el medidor de punto en nuestra cámara para medir la luz con un color neutro, como el verde de la grama. Tengamos en cuenta los cambios de luz y volvamos a medir si es necesario. Siempre estemos preparados para el momento, con ambas manos en la cámara. Compongamos con nuestro ojo cuidadosamente y tomemos las imágenes. De esta forma evitamos pasar más tiempo editando. Recordemos que recortar demasiado reduce la resolución de la imagen.

EQUIPO

- Dos cámaras DSLR
- Super Teleobjetivo 70-200 mm (para cámara con sensor de tamaño completo) o 50-150 mm (para cámara con sensor APS-C) con 2.8 apertura fija a cualquier distancia y estabilización de imagen
- Lente de respaldo
- Agarre de la batería para más tiempo de energía y mejor manejo de la cámara
- Dos tarjetas de memoria con espacio para al menos 1,000 imágenes cada una
- Kit de limpieza de lentes

PLANIFICACIÓN DE CONTINGENCIAS

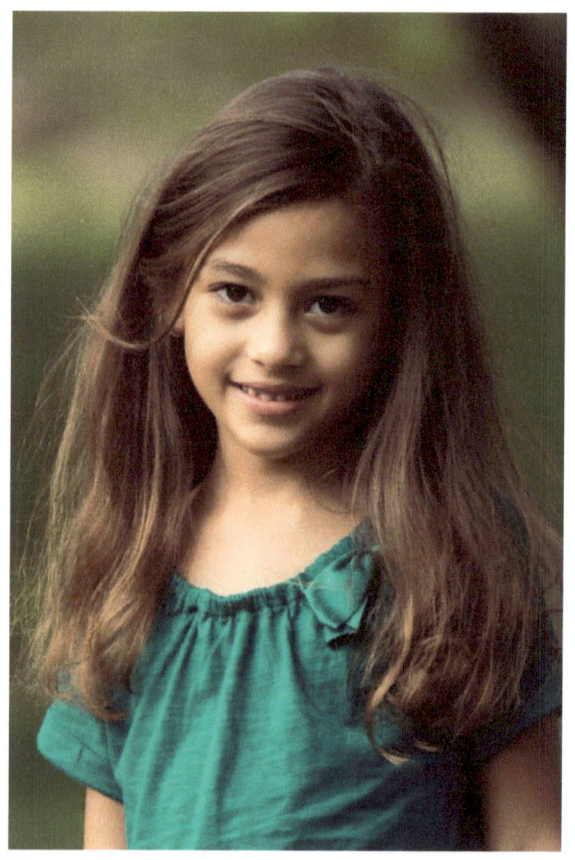

Hacer copias de seguridad en una computadora, unidad de disco externa y en un servicio en la nube, el mismo día de la sesión, es imprescindible. Al editar, hagamos una copia de seguridad de nuestro trabajo al final cada día. De esta forma evitamos perder nuestro trabajo en caso de cualquier accidente.

EDICIÓN

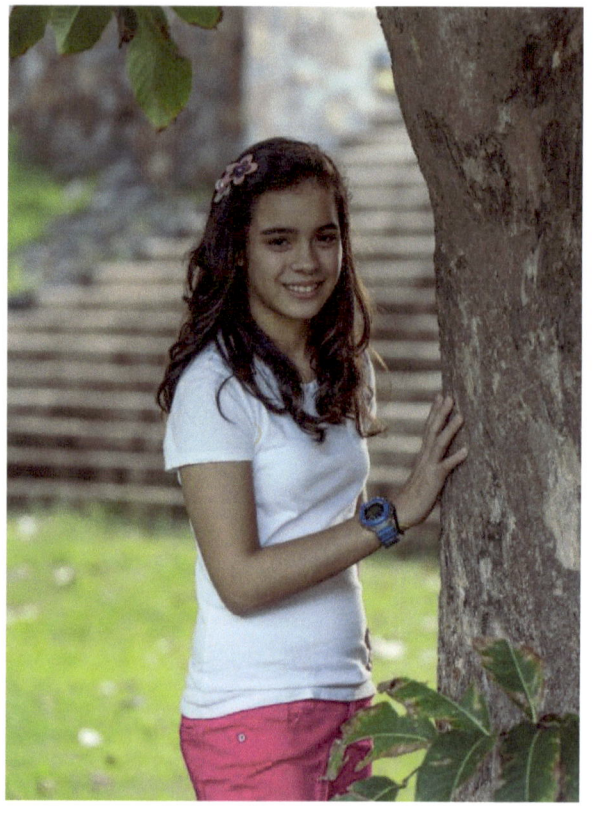

Mi consejo es tomar todas nuestras fotos en formato RAW. De esta manera tendremos más control al editar. Podemos recortar, ajustar el balance de blancos, subir o bajar hasta dos paradas completas en caso de que perdamos la exposición correcta debido a los cambios de luz, y podemos ajustar las sombras, los reflejos y los colores. Las fotos en formato jpeg no son muy manejables. Utilice una buena aplicación de computadora para manejar el formato de fotos RAW. Después de que terminemos de editar, convertimos al formato jpeg para el producto final.

PRODUCTO FINAL

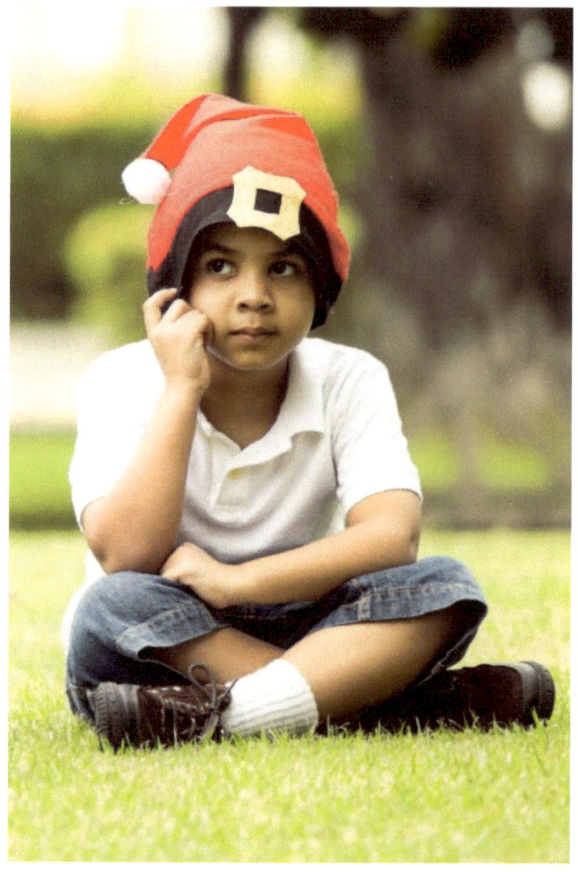

Debido al hecho de que en las sesiones de niños siempre trabajo con mi cámara en modo ráfaga ("burst mode"), puedo terminar con alrededor de 500 fotos por sesión. Ya sentado frente a mi computadora, comienzo a hacer una selección de las fotos que artísticamente cumplen con mis requisitos artísticos, y luego comienzo a editar. Entrego alrededor de 35 imágenes en color con copias en blanco y negro, en un dispositivo bien presentado. En Internet podemos encontrar varias compañías de fotografía que nos ayudan con artículos y dispositivos de calidad interesantes para almacenar fotos.

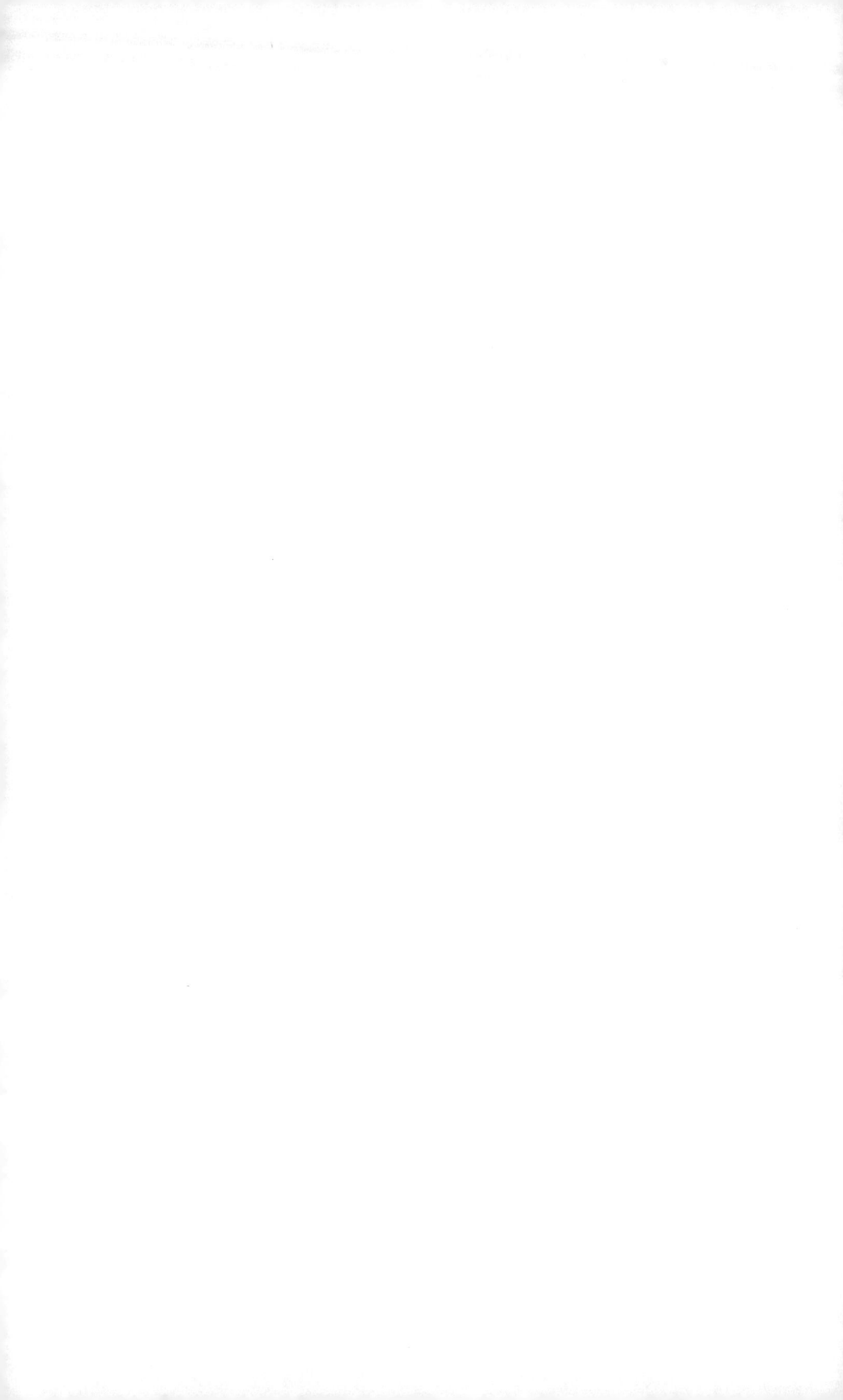

www.ingramcontent.com/pod-product-compliance
Lightning Source LLC
Chambersburg PA
CBHW040339220526
45473CB00009B/2739